ISBN 978-3-649-63972-5
© 2021 Coppenrath Verlag GmbH & Co. KG
Hafenweg 30, 48155 Münster, Germany
Illustrationen: © 2021 Marjolein Bastin
Texte: © Annemarie Wagner
Grafische Gestaltung: Stefanie Bartsch
Redaktion: Katrin Gebhardt
Alle Rechte vorbehalten

www.coppenrath.de

Jetzt kommt die schönste Zeit

Gedichte von Annemarie Wagner

COPPENRATH

Winternacht

Dezember ist's, die Nacht sinkt nieder.
Still und träumend schläft die Welt.
Staunend blick ich aus dem Fenster,
schau hinauf zum Himmelszelt.

Dicke Flocken tanzen leise
in der kalten Winternacht
und ich hab so in Gedanken
leise vor mich hin gesagt:

„Welche Ruhe, welcher Frieden
ist doch unterm Himmelszelt."
Ganz verzaubert blick ich nieder,
wie der Schnee aus Wolken fällt.

Auf der Tanne hier im Garten,
auf dem Busch, auf Weg und Haus
liegt ein weicher Wattemantel.
Wie im Märchen schaut es aus.

Und ich freue mich von Herzen,
öffne meine Arme weit:
„Sei willkommen mir, du liebe,
heil'ge, schöne Weihnachtszeit."

Weihnacht ist für mich im Leben
wohl das schönste Fest im Jahr.
Und ich denke voll Entzücken,
wie's in meiner Kindheit war.

Weihnachtsglocken, Lichterschein
läuteten das Christfest ein.
Ja, noch heute ist es so,
und ich bin von Herzen froh.

Der Nikolaus

Vom Nordpol kam der Nikolaus
und stapfte schwer von Haus zu Haus.
Die Kinder riefen laut: „Hurra,
der Nikolaus ist wieder da."

Denn jetzt kommt ja die Weihnachtszeit,
auch Wald und Feld sind tief verschneit.
Der Schnee fällt leise auf die Welt
vom hohen, weiten Himmelszelt.

Die Kerzen brennen hell und klar
nun am Adventskranz. Wunderbar!
Sei uns willkommen, Weihnachtszeit,
wir haben uns auf dich gefreut.

Die stille Zeit

Jetzt ist sie da, die stille Zeit,
verschneit sind Land und Flur.
Ein Reh läuft leise durch den Wald,
verträumt schläft die Natur.
Der Tag ist kurz, früh kommt die Nacht
mit ihrem Sternenglanz.
Die Flocken wirbeln durch die Luft,
als flögen sie im Tanz.
Und Stille senkt sich auf die Welt,
die Erde geht zur Ruh.
Oh Mensch, blick auf zum Himmelszelt
und sieh den Sternen zu.
Schau in dein Herz und werde still,
ruh von des Tages Last,
dann fällt dir's leichter als zuvor,
was du zu tragen hast.

Der Abend ist vergangen,
die Nacht hat angefangen,
und träumend ruht der Wald.
Schneeflocken tanzen leise
auf ihrer weiten Reise,
bedecken festlich Stadt und Land.

Nun strahlen alle Sterne,
der Mond leuchtet von ferne
mit seinem Silberschein.
Ein Kindlein wird geboren,
es hat uns auserkoren
und soll uns hoch willkommen sein.

Wenn alle Kerzen brennen,
dann werden wir erkennen:
Jetzt kommt die schönste Zeit.
Drum lasst uns fröhlich singen,
ihm unsre Lieder bringen.
Das Christkind kommt, wir sind bereit.

Weihnachtswünsche

Wenn ein Engel zu mir käme
irgendwann zur Weihnachtszeit,
was würd ich mir da wohl wünschen,
jetzt und für die Ewigkeit?

Dass die Menschen sich mehr lieben,
sich umarmen und verstehn,
Wärme geben und empfinden:
„Diese Welt ist wunderschön."

Dass Gefühle tiefer gehen
und die Herzen fröhlich sind,
dass wir wieder lachen lernen
wie ein unbeschwertes Kind.

Und dass wir Verständnis haben
für die Leiden hier und heut,
dass wir helfen und verzeihen
unserm Feind und unserm Freund.

Dass wir endlich Frieden finden,
Ruhe fühlen und uns freun,
dann wird auch in unsern Herzen
wieder richtig Weihnacht sein.

Weihnachtsglocken

Weihnachtsglocken klingen helle
durch die stille, dunkle Nacht.
Sie erzählen von dem Wunder,
das die Heil'ge Nacht gebracht.

Weihnachtsglocken, sie berichten
von dem Kind im Krippelein,
welches ward für uns geboren,
für uns alle, Groß und Klein.

Weihnachtsglocken, wie sie jubeln.
Sie berühren Herz und Sinn
und sie führen uns voll Freude
zu dem Christuskindchen hin.

Ich wünsche dir zum Weihnachtsfest
viel Ruhe und Besinnlichkeit
und außerdem, ich mein es ehrlich,
Glück, Frieden und Gelassenheit.

Ich wünsche dir zum Fest der Liebe
ein Kerzenlicht mit warmem Schein,
dann wird es auch in deinem Herzen
ein Weihnachtsfest der Freude sein.

Weihnacht

Weihnacht – ein Zauber liegt in diesem Wort,
stille Hoffnung, Ruhe und Frieden.
Es berührt unsre Seele, unser Herz und Gemüt.
Ach, wär's uns doch immer beschieden.

Weihnacht, man feiert im Kreis der Familie,
als gäb's nie Probleme und Streit.
Wie schön wär es doch, wenn's immer so bliebe:
ohne Hass, ohne Kummer und Leid.

Weihnacht – im Leben kann's an jedem Tag sein.
Schenkt euch mehr Liebe und Glück.
Dann kehren bestimmt, ich weiß es genau,
Vertrauen und Freude zurück.

Zum Weihnachtsfest wünsch ich für dich
recht viel Freude sicherlich.
Freu dich an der stillen Zeit,
bis Neujahr ist es nicht mehr weit.
Fürs neue Jahr wünsch ich dir heute
Gesundheit, Glück und nette Leute.

Möge stets ein guter Engel
dich umschweben und begleiten,
überall auf deinen Wegen
dich liebevoll und herzlich leiten.

Möge stets ein güt'ger Engel
dich vor größtem Leid bewahren,
mit dir sein und dich behüten
vor Unglück, Not und vor Gefahren.